PASAPORTE AL ASOMBRO

EDICIÓN PATHFINDER

por Marylou Tousignant

CONTENIDO

PASAPORTE al ASOMBRO

por Marylou Tousignant

¿Cuáles son las cosas más asombrosas que han construido las personas? ¿Serías capaz de elegir sólo siete?

PRECISAMENTE ESO hicieron los antiguos griegos hace más de 2000 años. Su lista se llama las siete maravillas del mundo antiguo. Por desgracia, solo una antigua maravilla sigue en pie hoy en día: las Pirámides de Guiza, en Egipto. La humanidad y la naturaleza destruyeron las otras seis.

A pesar de eso, un día un aventurero suizo decidió que era hora de crear una nueva lista. Inició una campaña para que la gente se comprometiera con la labor de proteger los tesoros del mundo y pidió que votaran por sus favoritos.

Ahora es tu turno. Prepárate para recorrer cuatro continentes y visitar las 7 nuevas maravillas del mundo. Al visitar cada lugar, hazte esta pregunta: ¿Los votantes eligieron bien?

Una labor de amor

Primera parada: Agra, India.

Observa detenidamente la cúpula gigante de piedra del Taj Mahal (izquierda). Resplandece rosada y anaranjada al amanecer, un encendido regalo al mundo.

Sin embargo, este palacio en realidad es una tumba. De hecho, es el obsequio de un gobernante a su esposa. Según cuenta la leyenda, antes de morir, ella pidió un **monumento** a su amor. El angustiado monarca gastó una fortuna en la construcción del Taj Mahal, donde finalmente sepultó a su amada.

La construcción requirió a más de 20.000 trabajadores y 1000 elefantes para cargar los bloques gigantes de mármol blanco. Finalmente, en la década de 1650, después de más de 20 años de construcción, quedó terminado.

En la actualidad, el Taj Mahal continúa brillando. Su cúpula de 73 metros (240 pies) aún resplandece bajo la luz de la Luna. Algunas personas creen que es el edificio más bello del mundo. ¿Qué opinas tú?

ASIA
INDIA
OCÉANO ÍNDICO

Una muralla serpenteante

Siguiente parada: norte de China.

Te encuentras en la cima de una enorme muralla de ladrillos que parece serpentear infinitamente hacia ambos lados. Por supuesto, esta gigante serpentina no es una muralla cualquiera: es la Gran Muralla China.

Los chinos comenzaron a edificar muros hace más de 3000 años. Su objetivo era impedir la entrada a los enemigos. La mayor parte de la Gran Muralla que aún hoy permanece en pie fue construida durante la dinastía Ming, un período político estable e influyente que perduró desde 1368 a 1644.

En la actualidad, la Gran Muralla sigue siendo la **estructura** más grande construida por el hombre en el mundo. Un estudio reciente descubrió que se extiende más de 8.850 kilómetros (casi 5.500 millas), ¡el doble del ancho de los Estados Unidos! Excursionistas y aventureros por igual sienten especial atracción por este gigante sendero de ladrillos y piedras, que serpentea a través de montañas, atraviesa desiertos y recorre la campiña china en una travesía infinita hacia el mar.

Cerca de la **capital** de China, Pekín, la muralla mide 7,6 metros (25 pies) de altura. En otros sitios, no quedan restos de la muralla. La arena, las tormentas y los terremotos la han destrozado. Hay quienes se han llevado ladrillos como recuerdo o para construir casas. Para ayudar a que China salve este tesoro, ahora solo puedes sacarle fotos.

Señales de humo. *Los atalayas ubicados a lo largo de la Gran Muralla China servían de refugio para los guardias. Se comunicaban a través de señales de humo.*

Ciudad de roca

Tienes otra parada en Asia: el país de Jordania.

Paseas en camello a través de un cañón en el sudoeste de Jordania rodeado de paredes de acantilados color rosado. El cañón es tan estrecho que hay partes donde dos camellos no pueden pasar juntos.

De pronto, el camino se abre. Los acantilados ya no son acantilados, ahora se han convertido en edificios de una ciudad. ¿La vista te engaña? No. Estás frente a la polvorienta y calurosa Petra. *Petra* significa "piedra" en griego. Los hombres tallaron la ciudad de Petra en los acantilados de piedra arenisca rosada. Mira hacia arriba. ¡Algunas tallas miden tanto como un edificio de diez pisos!

Hace aproximadamente 2000 años, Petra era un próspero y vibrante mercado comercial con una población que ascendía a 30.000 personas. El aroma a especias, perfumes y camellos inundaba el aire. La gente alardeaba de sus riquezas y construía fastuosas mansiones y tumbas.

Más tarde, en el siglo IV, un terremoto destruyó la mitad de Petra. Con el tiempo, la gente fue abandonando la ciudad, que quedó olvidada.

A principios del siglo XIX, un explorador halló las **ruinas** de Petra. Los científicos han estado excavando sus tesoros desde entonces. ¡Ten cuidado por donde caminas! Tres cuartas partes de la ciudad siguen enterradas bajo tierra.

EUROPA
ITALIA

Batallas bestiales

Ahora viajamos a Europa. Siguiente parada: Roma, Italia.

El tránsito vespertino pasa zumbando detrás de ti, que estás parado en la acera mirando fijamente un estadio de piedra desmoronado de 48 metros (159 pies) de altura. Es el Coliseo romano.

Los incendios y terremotos han destrozado este edificio descomunal, que ha perdido enormes sectores. Comienzas a distinguir el cielo nocturno a través de sus arcos.

Cierra los ojos. Imagina el clamor de una multitud enfervorizada. Cuando fue inaugurado, en el año 80 de la era cristiana, el Coliseo era el principal lugar para ir a divertirse. El estadio tenía capacidad para 50.000 personas, que aplaudían y ovacionaban mientras luchadores llamados gladiadores peleaban a muerte.

A veces los romanos inundaban el estadio con suficiente agua para que navegaran barcos verdaderos, y los gladiadores batallaban a bordo de estos barcos. Cuando la arena estaba seca, leones, osos y hasta elefantes aparecían repentinamente de escotillones para poner a prueba las destrezas del gladiador.

Estas batallas bestiales finalmente fueron prohibidas en el año 523 d.C., y poco después el Coliseo cerró sus puertas. Hoy en día, solo deambulan por el lugar gatos indómitos y turistas como tú.

Serpientes escurridizas

Es hora de partir hacia las Américas. Tu primera parada: las ruinas de Chichén Itzá en el sur de México.

Los pueblos maya y tolteca vivieron aquí entre los siglos VII y XIII. Eran matemáticos expertos y aplicaron sus conocimientos para construir enormes templos y pirámides de piedra. También estudiaron las estrellas. ¿Cuán talentosos eran? Observa detenidamente su famosa pirámide, el Templo de Kukulcán.

Mira con atención. ¿Notaste la sombra parecida a una serpiente que baja reptando los escalones? El sol proyecta esta sombra salvaje. La serpiente emerge en los equinoccios, o el primer día de la primavera y del otoño. Es una forma de rendir homenaje al dios serpiente de la cultura de esa región, Quetzalcóatl. La sombra en movimiento también les ayudaba a llevar un registro del paso del tiempo.

Escalones anuales. *La pirámide de Kukulcán (o El Castillo) tiene 91 escalones de cada lado, más un escalón en la cima. Suma un total de 365 escalones, uno por cada día del año.*

Paisaje de llamas. *Machu Picchu significa "montaña antigua" en idioma inca. Las llamas, como la que aparece en esta foto, viven en las montañas que rodea la ciudad.*

Una ciudad entre las nubes

Siguiente parada: Perú.

¿Cómo llegas a una ciudad ubicada en las nubes? Podrías tomar un tren de alta velocidad, pero en vez de esto, decides caminar. Primero, caminas cuatro días por la cordillera de los Andes. Llegas hasta una angosta cadena montañosa a 2350 metros (7700 pies) sobre el nivel del mar. Los picos son tan pronunciados que te preguntas si vas a caer de un resbalón.

Entonces te encuentras con las ruinas de una ciudad antigua. Sus bellos edificios de piedra parecen aferrarse a las elevadas laderas verdes. Has llegado a Machu Picchu. Esta ciudad suele recibir el nombre de "la ciudad perdida de los incas". Los incas eran un pueblo rico y poderoso, que gobernaron gran parte de la región occidental de América del Sur hacia finales del siglo XV.

Nadie sabe con certeza por qué o cómo hicieron los incas para construir esta ciudad en un paisaje tan escabroso, ya que no dejaron ningún registro escrito. Pero los expertos creen que Machu Picchu era un lugar de vacaciones para los gobernantes incas.

Observa el elegante diseño de las casas, los templos y las tumbas. Los bloques de granito tallados a mano encajan tan herméticamente que es imposible deslizar el filo de un cuchillo entre ellos. ¿Te imaginas algunos de estos edificios cubiertos de oro? ¡Tal vez lo hayan estado alguna vez!

Te reciben con los brazos abiertos

Tu última parada: Río de Janeiro, Brasil.

¿Cansado del excursionismo? Toma el tren por esta vez. Serpentea a través de un túnel de árboles en el bosque urbano más grande del mundo. Luego sube por el cerro Corcovado, una cima que se eleva 704 metros (2310 pies) sobre el nivel del mar. La vista desde la cima te deja sin aliento. El océano Atlántico brilla a la distancia mientras la inmensa ciudad se despliega a tus pies.

Mira hacia arriba. Ves una enorme estatua. La estatua pesa 700 toneladas, mide 38 metros (125 pies) de alto, y sus brazos abiertos se extienden a lo ancho de 28 metros (92 pies).

En 1931, el pueblo de Brasil se obsequió esta estatua. Celebraban cien años de independencia de Portugal. En la actualidad es un símbolo de la cultura cálida y hospitalaria de Brasil.

La estatua está hecha de cemento y saponita, elementos que la tornan fuerte y fácil de tallar. En 2008, un rayo cayó sobre la estatua. Afortunadamente, no causó daños mayores, ¡pero fue todo un espectáculo!

Vista de la ciudad. *Los visitantes deben subir más de 200 escalones para llegar al pie de esta estatua gigante, donde son recompensados con una vista maravillosa de la ciudad de Río de Janeiro.*

Pregúntate por qué

Es hora de volver a casa y pensar en un ganador. ¿Las 7 nuevas maravillas son suficientemente grandiosas y bellas? ¿Son suficientemente asombrosas?

La humanidad ha construido muchas cosas increíbles que no llegaron a ser finalistas. Por ejemplo, los votantes no eligieron a la Estatua de la Libertad, en la ciudad de Nueva York. Pasaron por alto la Torre Eiffel en Francia. No ganó ningún lugar de Australia o África.

Así que piensa: ¿Qué lugares estarían en tu lista de maravillas? ¡Quizás tengas que tomar tu pasaporte y salir a explorar!

VOCABULARIO

capital: ciudad donde se ubica el gobierno de un país o estado

estructura: edificio o espacio construido por el hombre

monumento: lugar o edificio famoso que brinda homenaje a una persona, acontecimiento o idea

ruina: restos de algo

1. Broche de oro.

Una escalera caracol de 168 escalones conduce a la corona de la Estatua de la Libertad.
¿La vista? El puerto de Nueva York, que alguna vez fue la primera parada de muchos inmigrantes que llegaron a los Estados Unidos.

AMÉRICA DEL NORTE

1

OCÉANO ATLÁNTICO

4

5

6

OCÉANO PACÍFICO

AMÉRICA DEL SUR

2

2. Vigilando.

¿Por qué hay cientos de cabezas y torsos gigantes salpicando la remota Isla de Pascua en Chile? La mayoría están de espaldas al mar. Nadie sabe con certeza por qué.

3. Antigua maravilla.

La pirámide más grande jamás construida se encuentra cerca de Guiza, Egipto. El faraón Kufu fue enterrado aquí. También se sepultó una embarcación de 4600 de antigüedad, tal vez para llevarlo hacia la inmortalidad.

4. Damos la bienvenida al mundo.

La Torre Eiffel fue construida para recibir a los visitantes de la Feria Mundial de 1889, realizada en París, Francia. Sus detractores calificaron de "monstruosa" a la torre de acero. ¡Pero eso es cosa del pasado!

En 2007, millones de personas votaron por las 7 nuevas maravillas del mundo. Cuando se contaron los votos, 14 finalistas quedaron afuera. Fíjate si reconoces algunos de estos maravillosos finalistas.

8. Templo fantástico.
Angkor, Camboya, se llama "la ciudad de los templos". El más famoso es Angkor Wat. Su torre es un símbolo del monte Meru, la mítica morada de los dioses hindúes.

7. Sidney canta.
¿Cuántos azulejos cubren este techo en forma de velas remontando por los mares? ¡Más de un millón! Dentro de la Casa de la Ópera de Sydney, en Australia, solo las voces remontan vuelo.

5. Fuerte fantástico.
Queda claro por qué La Alhambra, en España, significa "fuerte rojo" en árabe. Dentro de sus paredes de barro arcilloso, los visitantes encuentran coloridos azulejos, fuentes y versos árabes tallados.

6. Joya del desierto.
Hace mucho tiempo, Timbuctú se llamaba "la ciudad de oro", sin embargo, el verdadero tesoro de esta ciudad africana es el conocimiento. Miles de personas alguna vez estudiaron en la mezquita Sankore que se muestra aquí.

MUNDO
MARAVILLOSO

Vuelve sobre tus pasos. Responde estas preguntas sobre las 7 nuevas maravillas del mundo.

1 ¿Por qué el autor llama al Taj Mahal una "obra de amor"?

2 *Petra* significa "piedra" en griego. ¿Por qué resulta un nombre tan apropiado para la ciudad de Petra?

3 Menciona las 3 maravillas que se encuentran en las Américas. Escoge a tu favorita y explica por qué la elegiste.

4 ¿Cuál de las finalistas crees que con más razón merece ser una de las 7 nuevas maravillas? ¿Por qué?

5 Millones de personas votaron por las nuevas maravillas. ¿Por qué crees que las maravillas son importantes para tantas personas?